Inhalt

Szenarioplanung - fantasievolles Spiel mit möglichen Zukunften

Kernthesen

Beitrag

Fallbeispiele

Weiterführende Literatur

Impressum

Szenarioplanung - fantasievolles Spiel mit möglichen Zukunften

Harald Reil

Kernthesen

- Szenarienplanungen spielen mit radikal neuen Entwürfen und helfen so, eine Zukunft zu denken, die nicht einfach die lineare Fortführung der Gegenwart ist.
- Die Geschichten, die Szenarienplanungen erzählen, sind in sich stimmig und überzeugen daher auch im Detail.
- Selbst wenn die zukünftigen Entwicklungen, die Szenarienplanungen malen, nicht eintreten, so helfen die Planspiele doch, gewohnte Denkweisen zu hinterfragen.
- Unternehmen lernen auf diese Weise, besser mit sogenannten disruptiven Ereignissen in

der Realität umzugehen.
- Der Energiekonzern Alstom hat Szenarienplanungen als Teil seiner strategischen Entscheidungsfindung fest in der Unternehmenskultur verankert.

Beitrag

Plausible Geschichten statt Hellseherei

Mit Hellseherei haben sie nichts zu tun. Szenarienplanungen, die immer mehr Unternehmen auf ihre Agenda setzen, um sich auf eine ungewisse Zukunft vorzubereiten, erzählen schlicht und einfach Geschichten - diese dafür aber so plausibel wie möglich und am besten mit Zahlen unterfüttert. Das Ziel: Die Initiatoren wollen eingefahrene Denkweisen in Frage stellen, komplementär dazu neue Perspektiven entwickeln, Führungskräfte und Mitarbeiter darauf trimmen, besser mit unsicheren Entwicklungen umzugehen und schließlich auch den einen oder anderen Plan in der Schublade parat halten, sollte tatsächlich einmal ein Szenario von all jenen eintreten, die sie in der Vergangenheit entworfen haben. (1)

Shell: Vorreiter in Sachen Szenarienplanungen

Szenarienplanungen populär gemacht hat Shell. Der Ölkonzern setzt sie bereits seit Mitte der 60er Jahre des vergangenen Jahrhunderts ein. Einer der wesentlichen Gedanken, auf den die Entwickler dieser Praxis aufmerksam machen wollten: Es ist unsinnig, davon auszugehen, dass sich die Zukunft von der Gegenwart kaum unterscheiden wird. Wer sich daher radikal neue Szenarien ausdenkt und diese mit allen nur logisch möglichen Konsequenzen für das eigene Unternehmen durchdenkt, ist besser gewappnet, wenn tatsächlich einmal ein disruptives Ereignis eintritt. (1), (4)

Dass Szenarienplanungen keine nutzlose Beschäftigung von esoterischen Spinnern sind, die in Elfenbeintürmen sitzen und sich gegenseitig Geschichten erzählen, zeigen verschiedene Tatsachen: Unternehmen, die mit dieser Form der strategischen Entscheidungsfindung arbeiten, erwirtschaften mehr Profit als Firmen, die darauf verzichten; sie sehen mögliche disruptive Ereignisse schneller voraus und können entsprechend darauf reagieren; ihre Kundenbeziehungen sind stabiler und halten länger; sie bekommen von Geldgebern bessere Finanzierungsbedingungen. (2)

Trends

Die einzig verlässliche Annahme ist die Unzuverlässigkeit von Annahmen

Es ist davon auszugehen, dass sich Szenarienplanungen auf breiter Front durchsetzen werden. Grund dafür ist die weit verbreitete Überzeugung, dass in unserer schnelllebigen Zeit die einzig verlässliche Annahme die Unzuverlässigkeit von Annahmen ist - für Szenarienplanungen ist dieses Paradigma der beste Nährboden. Unternehmen, die mit Szenarienplanungen arbeiten, machen außerdem gute Erfahrungen damit. Das belegt unter anderem eine Studie, für die die Universität Aarhus und die EBS Business School 77 Unternehmen befragt haben. Die wesentlichen Vorteile, die genannt wurden: Szenarienplanungen sensibilisieren für Veränderungen; das bessere Verständnis erleichtert angemessene Reaktionen; dank der Erkenntnisse aus den Planspielen erhöht sich der Einfluss auf andere Player; die einzelnen Abteilungen profitieren von den Ergebnissen. Ein einschneidendes Datum für die zunehmende Bedeutung von Szenarienplanungen war - kaum verwunderlich - der 11. September 2001. Seit der Attacke der islamistischen Terroristen hat die Zahl von Unternehmen, die auf Szenarienplanungen setzen, stetig zugenommen. Der Trend setzt sich fort. (1), (2)

Fallbeispiele

KPMG empfiehlt Szenarienplanungen für Geschäftsberichte

Das Beratungsunternehmen KPMG hat die Geschäftsberichte von 15 deutschen Maschinen- und Anlagenbauern untersucht und gravierende Mängel bei der Risikoberichterstattung festgestellt. Einer der Kritikpunkte bezog sich auf die ungenügenden Erläuterungen von Risikominimierungsstrategien. Nach Meinung der KPMG-Experten sollten die Unternehmen unter anderem Szenarienplanungen einsetzen, die Einflüsse wie Konjunktur, Konkurrenten und eine Veränderung des Nachfrageverhaltens in Betracht ziehen. (3)

Alstom plant mit Katastrophen

Das französische Unternehmen Alstom bereitet sich seit dem Jahr 2009 mithilfe von Szenarienplanungen auf disruptive Ereignisse vor. Unmittelbarer Auslöser war die Finanzkrise, die 2008 mit der Lehmann-Katastrophe begann und den Verantwortlichen des Energieriesen einmal mehr und in aller Drastik vor Augen führte, dass überraschende Wendungen im Wirtschaftsleben die Regel sind. Die auf die Bedürfnisse des Konzerns angepasste Methodik der Szenarienplanungen fußt auf vier Schritten. Der erste ist eine genaue Analyse des Umfelds. Dazu wertet das Strategieteam hunderte von Quellen aus und sucht nach Hinweisen auf potenzielle Gefahrenherde für den Energiesektor. Das Ergebnis fasst es im so genannten Scanning Report, einem 80-seitigen Dokument zusammen. Dieser Report ist die Basis für einen eintägigen Workshop, an dem 80 bis 100 Führungskräfte des mittleren Managements teilnehmen. Sie reichern den Report um weitere Fakten an.

Nach zwei Monaten treffen sich die Manager erneut, um fünf disruptive Szenarien zu entwerfen, die die Energiebranche erschüttern könnten. Plausibilität steht bei der Entwicklung dieser Szenarien im Vordergrund. In diesem zweiten Schritt werden diese Szenarien außerdem so genannten Paten aus dem Top-Management zugewiesen, die sich dank ihrer Spezialisierung mit ihnen identifizieren können. In einem dritten Schritt lädt Alstom Kunden zum Alstom Conseil Stratégique ein, um die Szenarien zu diskutieren, potenzielle Folgen daraus abzuleiten und mögliche Reaktionen darauf zu prüfen. In einem vierten und letzten Schritt dreht Alstom an wichtigen Stellschrauben. Der Konzern berücksichtigt die Resultate der Szenarienplanungen beispielsweise bei seiner jährlichen Portfolioanalyse und der Budgetplanung für die folgenden drei Jahre. Ein Ergebnis, das sich unmittelbar aus der Diskussion um disruptive Ereignisse herauskristallisiert hat: Alstom wird sich in Zukunft verstärkt um die Erforschung von Batterietechnologien bemühen. (4)

Cyber-Attacken, Wetterturbulenzen, Politik- und Wirtschaftskapriolen

Das reibungslose Ineinandergreifen der einzelnen Glieder von Lieferketten ist die Grundlage des wirtschaftlichen Erfolges vieler Unternehmen. Allerdings sind sie höchst fragil. Denn Supply Chains verzeihen angesichts ihrer komplexen Struktur schon kleine Fehler kaum; bei Katastrophen wie Cyber-Attacken oder den weltweit zunehmenden Wetterverheerungen besteht die Gefahr, dass sie gar vollends zusammenbrechen - mit ungeheuren negativen wirtschaftlichen Folgen für betroffene Unternehmen. Zudem können sich politische oder wirtschaftliche Rahmendaten ändern, was wiederum zu potenziell katastrophalen Konsequenzen für die anfälligen Lieferketten führen kann. Szenarienplanungen, die mit den Auswirkungen möglicher disruptiver Ereignisse spielen, bieten sich für die strategische Überwachung von Supply Chains also geradezu an. (5)

Simplify Your Scenario Planning

Szenarioplanungen spielen auch bei Roland Berger und der HHL Leipzig Graduate School of Management eine große Rolle. Die Unternehmensberatung und die Hochschule arbeiten seit 2009 gemeinsam an diesem Thema. Geforscht wird vor allem im "HHL Center for Strategy and Scenario Planning - Roland Berger Research Unit". Vor kurzem haben die HHL und Roland Berger auch ein Buch zur Szenarioplanung herausgegeben. Der Titel: "Scenario-based strategic planning - Developing strategies in an uncertain world". Das Werk gibt den Lesern Tools an die Hand, mit denen sich nach Meinung der Autoren die Komplexität bisheriger Szenarioplanungen deutlich verringern lässt. Sie spielen ihr Verständnis von Szenarioplanung an einem Beispiel aus der europäischen

Luftfahrtindustrie und einem Projekt für einen der weltweit bedeutendsten Mischkonzerne durch. Erschienen ist das Werk im Springer Gabler Verlag. Es kostet 39,99 Euro. (6), (7)

Weiterführende Literatur

(1) Die Zukunft im Blick
aus acquisa, Vol. 60, Heft 07-08/2013, S. 8

(2) Spekulieren Sie oder steuern Sie?
aus "Medianet" Nr. 1665/2013 vom 02.07.2013 Seite 6

(3) Risikoüberwachung kann verbessert werden
aus Börsen-Zeitung, 19.03.2013, Nummer 54, Seite 10

(4) Mit Katastrophen planen
aus Börsen-Zeitung, 19.03.2013, Nummer 54, Seite 10

(5) Risikomanagement muss breit angelegt sein
aus DVZ-Brief Nr. 34 vom 22. August 2013

(6) Roland Berger und die HHL Leipzig Graduate School of Management kooperieren bei Masterstudiengängen und Forschung
aus news aktuell, 2013-07-01

(7) Neues Buch der Roland Berger School of Strategy and Economics: "Scenario-based strategic planning - Developing strategies in an uncertain world"
aus news aktuell, 2013-08-19

Impressum

Szenarioplanung - fantasievolles Spiel mit möglichen Zukunften

Bibliografische Information der deutschen Nationalbibliothek

Die Deutsche Nationalbibliothek verzeichnet diese Publikation in der deutschen Nationalbibliografie; detaillierte bibliografische Daten sind im Internet über http://dnb.d-nb.de abrufbar.

ISBN: 978-3-7379-1303-4

© 2015 GBI-Genios Deutsche Wirtschaftsdatenbank GmbH, Freischützstraße 96, 81927 München, www.genios.de

Alle Rechte vorbehalten. Dieses Werk ist einschließlich aller seiner Teile – z.B. Texte, Tabellen und Grafiken - urheberrechtlich geschützt. Jede Verwertung außerhalb der Grenzen des Urheberrechtsgesetzes bedarf der vorherigen Zustimmung des Verlags. Dies gilt insbesondere auch für auszugsweise Nachdrucke, fotomechanische Vervielfältigungen (Fotokopie/Mikroskopie), Übersetzungen, Auswertungen durch Datenbanken oder ähnliche Einrichtungen und die Einspeicherung und Verarbeitung in elektronischen Systemen.